Incendios forestales

¡Sálvese quien pueda!

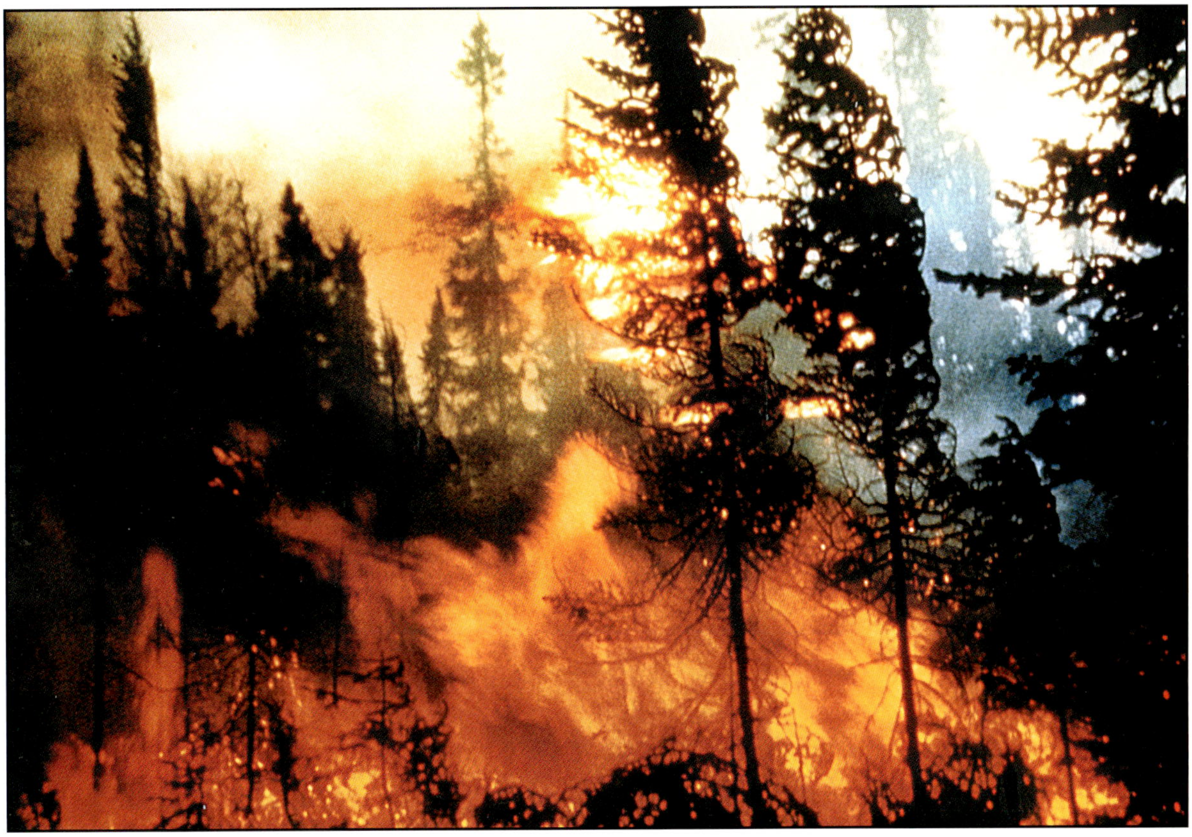

por Josephine Nobisso

MONDO

Copyright © 2000 by Josephine Nobisso
All rights reserved.
No part of this publication may be reproduced, except in the case of quotation for articles or reviews,
or stored in any retrieval system, or transmitted in any form or by any means, electronic, mechanical, photocopying,
recording, or otherwise, without written permission from the publisher.
For information contact: MONDO Publishing, 980 Avenue of Americas, New York, NY 10018
Visit our website at www.mondopub.com

Printed in China
09 10 11 12 13 14   PB   9 8 7 6 5 4
     10 11 12 13 14   SP   9 8 7 6 5 4 3 2 1

Book Designed by Jean Cohn
Cover composition by Steven Umansky
ISBN: 1-57255-793-1 (PB)   1-60175-609-7 (SP)

Library of Congress Cataloging-in-Publication Data

Nobisso, Josephine.
　Forest Fires : run for your life! / by Josephine Nobisso.
　　p. cm.
　Summary: Discusses three major forest fires in the United States and Canada, including
events leading up to them, how they were fought, and their aftereffects
　ISBN 1-57255-802-4
　1. Forest fires—Juvenile literature. 2. Forest fires—United States—Juvenile literature. 3.
Forest fires—Ontario—Juvenile literature. [1. Forest fires.] I. Title.

SD421.23 .N63 2000
363.37'9—dc21
　　　　　　　　　　　　　　　　　　　　　　　　　　　　　　　　　　　　　00-021620

*For Jimmy Colaneri, "Lighthorse,"
my teacher and friend*

—J.N.

Contenido

CAPÍTULO UNO

El incendio en el Parque Nacional Yellowstone
-1-

CAPÍTULO DOS

El incendio de Hinckley en Minnesota
-16-

CAPÍTULO TRES

El incendio de Matheson en Ontario, Canadá
-25-

CAPÍTULO CUATRO

La naturaleza tiene la última palabra
-34-

ÍNDICE
-39-

CAPÍTULO UNO

El incendio en el Parque Nacional Yellowstone

Verano en el bosque

En pleno verano, época de esplendor del bosque, bombarderos descienden en picada por encima de las copas de los árboles. Docenas de excavadoras atraviesan enérgicamente la vegetación, arrasando con todo lo que encuentran a su paso. Se oyen los helicópteros que se aproximan y lanzan hombres, mujeres y suministros.

Estas personas no están combatiendo en una guerra; es un pequeño grupo parte de un gran "ejército" que lucha desesperadamente por salvar el bosque: son bomberos.

Un avión, que funciona como un extinguidor, arroja retardante de fuego para cubrir un área en llamas.

Millas y millas del Parque Nacional Yellowstone y de los bosques que lo rodean se encuentran envueltas en llamas. Todos los visitantes del parque han sido *evacuados*, y se les ha pedido que se retiren del lugar. Todos los habitantes de las comunidades vecinas se mantienen alertas. El ciervo, el bisonte, el alce y el oso, que aún no se han ido, observan con atención.

El Parque Nacional Yellowstone en llamas

Cómo se inició

El incendio se desata en una calurosa noche de verano del año 1988 cuando, luego de varias semanas sin lluvia, suena un trueno que provoca un estruendo como el de un estómago hambriento, pero en este caso, de tormenta. En el suelo del bosque se ha acumulado una gran cantidad de hojas marchitas y quebradizas espinas de pino. Hay ramas secas de todos los tamaños esparcidas por doquier. Las hojas de los arbustos más

¿Cómo se combaten los incendios?

La mayoría de los incendios forestales de América del Norte son extinguidos por bomberos profesionales que utilizan herramientas manuales como rastrillos y hachas. Las herramientas más sofisticadas que emplean son sierras a gasolina y bombas de mochila. Para los incendios que alcanzan grandes dimensiones, sin embargo, deben utilizar televisión por control remoto, fotografías detalladas, dispositivos sensibles al calor, aviones, radares y hasta satélites.

La naturaleza, en forma de un rayo que cae de los cielos, suele encargarse de encender los "cerillos" que prenderán fuego a la tierra.

bajos han tomado un color gris tierra y la hierba de los prados del bosque está más amarilla que verde.

Esta noche, los relámpagos secos dejan marcas irregulares como heridas en el cielo, pero aún no se percibe el aroma de la lluvia en el aire. Los truenos retumban una y otra vez provocando estruendos ensordecedores. Un relámpago atraviesa la noche arrasando con los árboles como si fueran cerillos encendidos.

¿Cuántas clases de incendios forestales existen?

Los Servicios Forestales de los Estados Unidos y Canadá clasifican a los incendios en tres categorías:

1. **Incendios superficiales** son aquellos que queman la hierba, los arbustos y los desechos naturales en el suelo del bosque antes de trepar a los árboles. Son los más comunes y fáciles de extinguir.
2. **Incendios en forma de corona** avanzan de una copa de árbol a otra y se desarrollan por separado de los incendios superficiales. Son los que se extienden con mayor velocidad.
3. **Incendios de subsuelo** progresan lentamente, ardiendo sin provocar llamas debajo de la basura en el suelo del bosque. Son los menos espectaculares y los más difíciles de controlar.

¿Debemos dejar que el incendio siga su curso?

Desde sus puestos, los guardabosques ven las llamaradas. ¡Aquí! ¡Allá! Docenas de focos de incendio se desatan por el bosque.

Como los incendios afectan áreas silvestres del inmenso parque y no representan amenaza alguna para personas o construcciones, los encargados del parque deciden no llamar a los bomberos. Los

Incendio superficial

guardabosques saben que la mayoría de los incendios forestales se apagan de forma natural y que sólo consumen territorios muy pequeños de los extensos bosques. También saben algo que a la mayoría de las personas les resulta difícil de creer: algunos años se producen unos 72,000 incendios forestales en los Estados Unidos.

Los incendios en los bosques son parte de la naturaleza

Los guardabosques también saben que la naturaleza utiliza los incendios para cuidar a sus bosques. El fuego elimina los desechos naturales que se desprenden del bosque y derriba los árboles débiles, para dar lugar a la formación de praderas limpias que con el tiempo se llegan a cubrir con nuevos árboles.

Algunos árboles, como el *pino contorta*, ya están preparados para soportar incendios incluso antes de alcanzar la madurez. Además de sus piñas comunes, esta especie produce otras que se encuentran "selladas" con *resina*, y sólo un incendio capaz de derretir esta resina puede permitirle esparcir sus semillas para dar lugar al nacimiento de nuevos árboles.

Piña carbonizada de pino contorta con un árbol joven brotando de una de sus semillas

La mayoría de los incendios forestales dejan parte de la vegetación antigua intacta. Las áreas quemadas estarán despejadas para el desarrollo de nueva vegetación.

Los incendios protegen a los bosques

Los guardabosques saben que los mismos incendios crean su propia clase de protección contra futuros incendios. Los incendios forestales

El ciervo necesita hierba

El ciervo habita en lo profundo del bosque, pero necesita la hierba para alimentarse. Si el bosque no tiene praderas, el ciervo va hasta el final del bosque para pastar. Por eso es que los vemos alimentándose a los costados de las carreteras.

Un incendio que afectó sólo una parte de esta colina para crear allí diversidad.

suelen avanzar formando un patrón similar al de una mano abierta, dejando sin afectar grandes zonas entre lo que serían los "dedos" alcanzados por el fuego. Y estos dedos quemados tal vez no vuelvan a incendiarse durante cientos de años.

Entonces, si de vez en cuando se queman partes de un bosque, todo el bosque se mantiene sano porque se crea la diversidad. Cuando se da el crecimiento de una vegetación variada, el bosque se fortalece, los árboles de diferentes variedades y alturas pueden alcanzar los rayos del sol y muchas especies de animales pueden encontrar allí su refugio.

Pero si todos los árboles del bosque son de la misma edad, todos ellos envejecen y se enferman al mismo tiempo; y como las especies de animales que tienden a habitar allí son las mismas, se les limita la cantidad de alimentos. Los árboles débiles se queman al mismo tiempo.

Seguimiento

Si bien los guardabosques deciden no apagar aún los incendios, observan sus

Los equipos estudian los cursos de los incendios de Yellowstone antes de decidir un plan para controlarlos.

llamas atentamente, les ponen nombres, siguen sus cursos y utilizan mapas para marcar su progreso. Si los incendios se juntan y forman uno mayor, eso podría significar un gran problema.

Cien años apagando las llamas

Hace ya 16 años que los guardabosques de Yellowstone dejan que los incendios forestales sigan su propio curso, siempre que no representen una amenaza a personas o propiedades privadas. Los incendios de esta eléctrica noche sin lluvia de 1988 se ven como cualquier otro. Incluso los animales del bosque se alejan con calma del humo y de las llamas. Tienen mucho tiempo para escapar del alcance de los incendios.

Los animales pastan y beben tranquilamente mientras se está produciendo un incendio en su bosque.

Antes de esto, durante casi cien años, el Servicio Forestal de los Estados Unidos controlaba prácticamente todos los incendios. El Servicio Forestal de Canadá también había apagado los suyos durante casi el mismo tiempo. Los Estados Unidos comenzaron con este cauteloso programa debido al incendio más devastador de su historia: "el gran incendio de Hinckley" en Minnesota, en el año 1894; y los canadienses comenzaron con el suyo algunos años después de sufrir un incendio muy inusual en Matheson, Ontario, en 1916.

Para el año 1988, las distintas generaciones de bomberos han hecho tan bien su trabajo apagando las llamas, que en Yellowstone hay

Un equipo terrestre se dirige a controlar un incendio.

enormes cantidades de combustible natural listo para arder. Muchos de los árboles que quedan son débiles y están llenos de insectos. El bosque entero está cansado.

Preparado para "arder"

Como los inviernos en Yellowstone son largos y duros, y los veranos, cortos y lluviosos, se pensó que, incluso aunque alguien lo intentara, resultaría imposible provocar un incendio forestal realmente grande en Yellowstone.

Pero para 1988, cuando los guardabosques observan los registros climáticos del Parque Nacional Yellowstone de los últimos 112 años, notan que atravieza su época de mayor sequía. Los arroyos corren lentamente, los lagos se achican.

Los vientos, tan rápidos como automóviles a toda velocidad, comienzan a avivar los incendios menores habituales, sumándose a los vientos que todos los incendios crean por sí solos. Estos vientos calientes están tostando el bosque, preparándolo para un gran "incendio".

Incendio en forma de corona

De repente, de los incendios provocados por el rayo y de uno menor hecho por el hombre en lo profundo del bosque, los árboles comienzan a encenderse formando remolinos de llamas y a explotar como petardos que se oyen en la noche.

Teas de fuego, trozos de madera ardiendo del tamaño de tartas de manzana, se desprenden de los árboles, vuelan cientos de pies y luego explotan como fuegos artificiales, esparciendo dardos encendidos por el aire, que prenden fuego a todo lo

Los vientos de fuego hacen que una llama se envuelva alrededor del tronco de un árbol.

Las llamas y los gases se disparan del incendio a gran altura, sobrecalentando el aire y provocando un incendio en forma de corona en los árboles.

que alcanzan. En las cimas de los árboles comienza un *incendio en forma de corona* ¡incluso antes de que el fuego llegue a la parte baja de monte!

"¡Llamen a los especialistas!"

Los encargados del parque corren a hacer llamados de ayuda. Miles de bomberos comienzan a llegar para combatir los cientos de incendios en Yellowstone. Llegan *brigadas de selección* especializadas. Estos hombres y

Los miembros de un equipo terrestre, equipados con prendas ignífugas livianas, se dirigen hacia las llamas de Yellowstone cargando una manguera.

mujeres son los mejores adiestrados entre todos los bomberos. Se montan campamentos a lo largo del extenso parque, para que los bomberos puedan dormir y comer cerca de sus lugares de combate.

Comienza la pelea

Los miles de trabajadores luchan con sus palas, levantando tierra para apagar los arbustos en llamas y la hierba humeante. En todo el bosque, los equipos conectan las bombas a los arroyos y lagunas, para sacar agua a chorros de las extensas mangueras. Logran extinguir algunas llamas, pero siguen apareciendo nuevas.

Con sus motosierras, los equipos cortan los árboles para derribarlos en dirección a los incendios. Con sus excavadoras, levantan los desechos naturales

A veces los bomberos deben trabajar muy cerca unos de otros en sus equipos para asegurarse de haber extinguido todas las chispas.

¿Cuán caliente es caliente?

En la mayoría de los incendios forestales, es más lo que destruye el calor que lo que consume el fuego. Al permanecer expuesto durante una hora a 120 °F (49 °C), el tejido debajo de la corteza de los árboles, floema *y* cámbium, *se muere, incluso si el árbol permanece en pie. La muerte de este mismo tejido será instantánea si es expuesto a 147 °F (64 °C). Sin embargo, el tejido leñoso no se encenderá hasta que la temperatura sea altísima: de 650 °F (343 °C), y la temperatura de las llamas sea de 1600 °F a 1800 °F (870–980 °C).*

Parado en medio de una línea de fuego recién hecha, este bombero sin máscara observa las chispas de un incendio que ayudó a controlar.

y los hacen a un lado, para crear anchos caminos despejados, o *cortafuegos*, en el suelo del bosque. Los bomberos esperan que al alcanzar la franja de tierra sin minerales, el fuego se quede sin combustible y se extinga.

Combatir el fuego con fuego

Los bomberos también se apresuran a crear *contrafuego*, que es encender fuego intencionalmente en lugares seguros como líneas de fuego hechas por el hombre, carreteras o ríos y arroyos naturales. Los contrafuegos se desplazan rápidamente hasta encontrarse con el incendio principal que los

Los bomberos inician un "incendio controlado" prendiendo fuego a la vegetación junto al río que se convertirá en una "línea de fuego", el lugar donde el fuego se extingue.

bomberos están tratando de apagar. Cuando estos incendios se juntan, ya se ha consumido todo el combustible de esa sección del bosque y entonces, ambos deben extinguirse. Todo lo que se encuentra más allá del cortafuego se suele salvar.

Para iniciar un contrafuego, los bomberos corren por el bosque, encendiendo una llama tras otra con antorchas químicas, arrojan desde helicópteros "bombas" explosivas del tamaño de pelotas de ping pong y disparan bengalas encendidas en lo profundo del bosque.

Algunas veces la mejor manera de detener el avance de un incendio es quemar la vegetación fresca antes de que las llamas puedan alimentarse de ella.

Sorprendidos

El Servicio Forestal ha controlado muchos incendios de esta manera, trabajando con la naturaleza para permitir que los incendios sigan su curso y al mismo tiempo, evitar que se descontrolen. Pero este incendio de 1988 está probando ser muy diferente; incluso las brigadas de selección especializadas ven cosas nunca antes vistas. Este incendio no depende sólo del combustible natural que hay en el suelo, se está saltando los cortafuegos porque se encienden primero las copas de los árboles.

Las nubes de humo que sobrepasan la altura de las montañas se extenderán cientos de millas, dejando caer "lluvia" negra sobre lugares distantes.

Vientos de fuego giran como ciclones calientes, consumiendo y encendiendo todo lo que encuentran a su paso, partiendo gruesos troncos y arrancando árboles de raíz para luego apilarlos como palitos carbonizados.

Tormentas de fuego

Una tormenta de fuego es un fenómeno poco común. Con la sequía, el aire seco, los vientos fuertes, las altas temperaturas y gran cantidad de leña combustible, un incendio forestal común puede llegar a alcanzar temperaturas tan elevadas que crea su propio sistema de tormenta al estilo ciclón. Los incendios forestales comunes avanzan hasta 10 millas por hora, pero las tormentas de fuego avanzan a la velocidad de los huracanes.

El fuego alcanza una temperatura tan elevada que el hombre ya no puede controlarlo.

El calor se vuelve tan intenso que hasta llega a partir las rocas. La combinación de la sequía con el viento en un bosque viejo repleto de desechos naturales ha convertido a un incendio forestal normal en una *tormenta de fuego*.

Un chaparrón de mezcla retardante

Los bomberos llaman a los aviones de bajo vuelo para que arrojen sustancias químicas líquidas que cubrirán el bosque con una capa de "pintura"

El fuego bota humo negro cuando un avión de combate lo baña con mezcla retardante.

Mientras ruge, arrasa, chisporrotea y crepita, el fuego se alimenta del festín de combustible que encuentra en el bosque.

denominada *mezcla retardante*. Estos químicos, una mezcla de fertilizante y agua, están teñidos de color rojo para brindar una mejor visibilidad. Cuando la escotilla se abre, la mezcla se ve como enormes y exóticas flores rojas abriéndose en el aire.

Imágenes y sonidos

Con los ojos rojos que arden y lagrimean, los hombres y mujeres en el terreno intentan ver a través del humo siempre que oyen un sonido como el de un avión. Esperan ver llegar más mezcla retardante pero, por lo general, el ruido lo crean los vientos que atraviesan el bosque como si fueran miles de aviones.

Una confusión de sonidos rodea a los bomberos. La vegetación más baja se convierte en cenizas al instante y produce suaves silbidos a medida que se viene abajo. Los árboles en llamas se astillan al golpear el suelo del bosque. Las espinas de pino encendidas silban como teteras enloquecidas. Y billones de semillas calientes explotan como si fueran palomitas de maíz fuera de control. Para escucharse al hablar por los teléfonos portátiles y radios, los bomberos gritan; para comunicarse en el terreno, gritan todavía más fuerte.

Como muchas de las fuentes de agua se agotan debido a la sequía, algunos helicópteros deben recorrer grandes distancias para hallar el agua y trasladarla hasta el lugar del incendio.

Los helicópteros zumban arriba, al pasar en busca de los lugares aislados a los que no se puede llegar aun con la mayoría de los vehículos fuertes, y ni siquiera con una mula. Los *bomberos paracaidistas* se arrojan de los helicópteros para descender con sus paracaídas a combatir más y más los incendios menores antes de que se extiendan.

Ataque por aire y por tierra

Los aviones con mezcla retardante regresan una y otra vez volando bajo. Sus escáneres electrónicos de calor crean mapas vivientes de los incendios que hay debajo. Desde una abertura construida para lanzar las bombas en tiempos de guerra, cada avión deja caer 2,000 galones de mez-

Un "bombardero" sobrevuela a una altura peligrosamente baja para arrojar una alta concentración de mezcla retardante sobre una llama objetivo.

cla, espesa como la crema. El objetivo está justo delante del incendio, para *retardar*, o demorar, su progreso.

Los helicópteros equipados con contenedores arrojan agua de las lagunas. Cuando su objetivo da en el blanco, cae en el corazón de las peores llamas, los equipos vitorean mientras el bosque lanza bocanadas de humo negro.

De esta manera, los bomberos logran acercarse más al centro de los incendios para traer sus máquinas y herramientas. Lentamente van logrando controlar una llama tras otra. Si logran hacerlo lo suficiente, tal vez lleguen a extinguir todos los incendios del bosque.

Mes tras mes, tras mes

Cuando la lucha contra el fuego comienza, nadie imagina que Yellowstone arderá por tres meses. Pero el fuego avanza, devorando los bosques de tres estados. El humo y los desechos cubren el sol y hay zonas de Norteamérica cubiertas por su "niebla". Una "lluvia" negra cae sobre los barcos que están a cien millas en el mar. Los bomberos llegan, luchan, parten y luego regresan para relevar a otros que más tarde harán lo mismo.

Más de un millón de acres se encuentran afectados en los incendios de Yellowstone, y 440,000 de ellos se queman por completo. Cuando todo termina, los bomberos sienten el alivio de poder anunciar que no se ha perdido ninguna vida humana.

El sol del invierno se filtra a través de un silencioso bosque carbonizado.

Las secuelas

Desde el aire, los aviadores notan que el parque luce como una enorme sábana verde con agujeros negros. El fuego avanzó en zigzag, dejando una especie de rompecabezas de vegetación de todas las edades. La naturaleza ha dejado diferentes hábitats para animales y plantas; la naturaleza ha preservado la diversidad.

El fuego ha dejado un "loco edredón" con algunos parches carbonizados y otros llenos de color.

La pregunta candente

En la actualidad, se utilizan equipos avanzados para detectar y combatir los incendios. Los satélites transmiten información importante a la Tierra desde el espacio. Esto ayuda al Servicio Forestal a decidir qué hacer en cada incendio. *Intervenir o no intervenir, esa es la cuestión.* ¿Llamar a las "tropas" o dejar que la naturaleza se cuide sola? Se debe tener en cuenta todo: el clima y las condiciones del bosque, y la amenaza que representa para la vida y las propiedades.

Antes de la tecnología

Claro está que no siempre estuvo la tecnología que hoy en día ayuda a los guardabosques. En los Estados Unidos comenzó debido al gran incendio de Hinckley en 1894, y en Canadá, luego del incendio de Matheson durante la Primera Guerra Mundial, en 1916.

CAPÍTULO DOS

El incendio de Hinckley en Minnesota

El gran incendio de Minnesota

Tenemos las crónicas de los periódicos sobre el incendio de Hinckley, y también contamos con asombrosos relatos de testigos. Cada uno de los miles de sobrevivientes tiene una historia conmovedora para contar.

Hinckley antes del incendio.

Para hablar del gran incendio de Hinckley, tenemos que retroceder en el tiempo a un infernal día de verano en 1894, en el periodo de la historia denominado la "Revolución Industrial". Minnesota es un lugar concurrido. En los pueblos hay fábricas bulliciosas y en los bosques se han establecido aserraderos y canteras de piedra. Los pobladores inmigrantes están construyendo sus hogares. Las locomotoras a vapor pasan por las numerosas líneas ferroviarias. Los vendedores viajeros suben sus maletas en el sistema ferroviario o cargan sus carretas para recorrer las calles de tierra. Personas en busca de aventuras van y vienen, recorren pueblos y hacen algún que otro trabajito ocasional. Los techos de las iglesias y las sinagogas sobresalen en las bulliciosas calles.

Los leñadores han declarado a 1894 como año de sequía. Los incendios se mantienen vivos desde hace ya un mes, pero éstos son comunes en los bosques de Minnesota y todos están acostumbrados a tener el aire cargado de humo en épocas de calor.

Antes de 1894, el Hotel Eastern de Hinckley recibía un flujo constante de viajeros.

Es época de cosecha

El 1° de septiembre, la gente cosecha sus cultivos para el invierno. Cortan el heno largo que alimentará a los animales de sus granjas durante los meses de frío.

Dos jóvenes, Peter Nyberg y Gus Johnson, dejan su poblado, Mission Creek, para ir a cosechar el heno, con planes de pasar la noche en el bosque. La niebla en el aire de su pequeño poblado proviene de un incendio lejano, pero nadie le presta mucha atención.

Peter y Gus se internan en lo profundo del bosque en busca de buenas praderas. De pronto, llamaradas aparecen del bosque, con una altura superior a la de cualquier edificio que se pudieran imaginar y desplazándose hacia ellos como una ola del mar enfurecida acercándose a la costa.

Los jóvenes saltan al arroyo para sumergirse y el fuego pasa, pero cuando miran a su alrededor todo el heno se ha quemado. Pasan el resto del día explorando, sin saber lo que está a punto de suceder en el pueblo que dejaron atrás y en todo el este de Minnesota. Esa noche duermen en una sección del bosque que el fuego no había alcanzado.

Toda la tierra se veía bañada de sangre

Hacia el norte, en las proximidades de Sandstone, Emil Anderson, el apuesto y joven pastor de la Iglesia Congregacional Sueca, acababa de regresar de Hinckley, donde el aire estaba cargado de niebla y olor a humo. Había pensado en pasar la noche allí, pero finalmente decidió

Emil Anderson

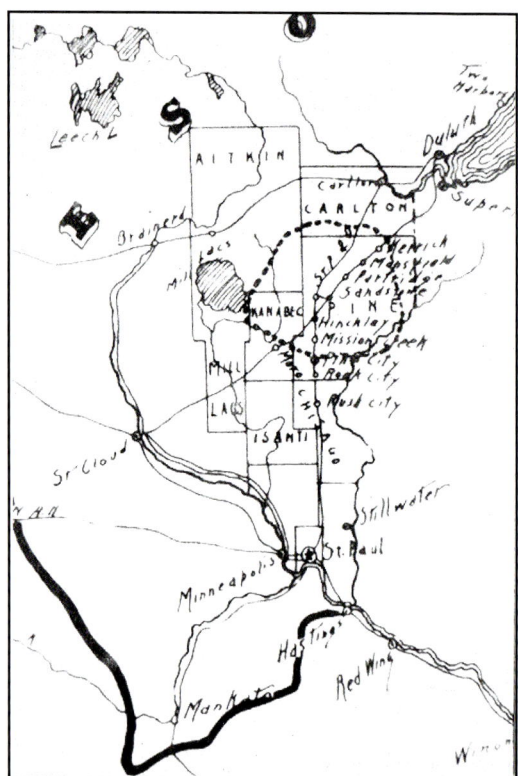
El tren que transportaba la leche por la mañana temprano llevó al reverendo Anderson hacia el norte, desde Hinckley hasta Sandstone.

tomar el tren que llevaba la leche a Sandstone. Partió a las tres en punto de la mañana. Los incendios hicieron detener el tren varias veces, pero Emil casi ni lo notó.

Por la tarde seguía despierto redactando un sermón, cuando al mirar por su ventana del segundo piso, nota que el cielo se ha vuelto de un color rojo espeluznante. Luego escribió, "Toda la tierra se veía como si la hubieran bañado en sangre".

Si aman sus vidas...

Emil baja las escaleras corriendo para advertir a sus vecinos en la calle. A la oficina del telégrafo ha llegado un mensaje desde Hinckley que dice: "¡Si aman sus vidas, intenten salvarlas!"

Emil les ruega a las personas que huyan con él hacia el río. Algunos lo hacen; otros, no pueden creer que se encuentran en peligro. Algunos en la estación de trenes incluso se ríen. El operador de la bomba de agua se niega a abandonar su puesto, por miedo a perder el empleo.

Emil golpea las puertas de todas las casas camino al río, gritándoles a todos que corran para salvar sus vidas. De repente, alcanza a ver las llamas reales, tan altas que hacen que la tierra, el bosque y los edificios parezcan miniaturas.

De pronto, antes de llegue el fuego, empieza a correr un viento tan caliente como un horno y tan rápido como una locomotora. Luego, comienzan a caer enormes bolas de fuego, disparadas desde lo alto, que llegan hasta unos 20 pies del suelo antes de explotar y envían una tormenta de proyectiles en llamas y de luces cegadoras. Con el siguiente fogonazo, el incendio llega a Sandstone.

Por qué los ferrocarriles contrataban bombeadores de agua

Los trenes funcionaban a vapor. Se cargaba el carbón con palas en una caldera a bordo que hacía hervir el agua que fluía desde un vagón cisterna. Debían hacer paradas regulares en los tanques que estaban junto a las vías para cargar agua. Si el bombeador abandonaba su puesto, un tren podía quedarse parado sin potencia y causar accidentes catastróficos.

Un buen vecino

Emil corre más rápido, impulsado por vientos con la fuerza de un huracán. Se encuentra con otra casa, abre la puerta de un golpe y les grita a las tres familias que están allí que corran rumbo al río.

Todos se alborotan, pero en medio de la confusión y el terror, un hombre ha olvidado esperar a su esposa y a su bebé de 6 meses. La esposa sale tropezando pero logra sujetar a su bebé con firmeza. El ruido aterrador, los colores arremolinados, las explosiones como fuegos artificiales y los azotes del viento la confunden.

De forma repentina, una ráfaga de viento infernal levanta a la madre y al niño hasta unos 30 pies y los deja caer encima de un maizal. Emil no ha visto esto porque se estaba sujetando al otro lado de la casa para evitar ser arrastrado por el ciclón.

Nuevamente corriendo a toda velocidad, Emil oye un grito desde el campo, donde encuentra a la madre demasiado asustada para moverse. Le ruega que le permita tomar al bebé, le promete salvarlo si logra salvarse él mismo y anima a la madre a que se levante y corra hacia el río tan rápido como pueda.

¡Atrapados!

Al otro lado del maizal, la pequeña casa de las familias ya ardía en llamas. Emil sujeta al bebé y corre de prisa con todas sus fuerzas. Al sentir que otra ráfaga se levanta a sus espaldas, se esconde detrás de otra casa. Observa como la tormenta de fuego levanta y se lleva la casa del bebé, desintegrándola hasta convertirla en cenizas.

El fuego los está acorralando. Emil esconde mejor al bebé debajo de su camisa. Mientras van corriendo cuesta abajo a toda prisa para llegar hasta el río, se encuentran con otra casa. La puerta trasera de la cocina está abierta, pero cuando Emil entra corriendo a los gritos, nadie responde.

Ahora el fuego está justo encima de la casa y los encuentra en la puerta de la cocina intentando escapar. Emil abraza al bebé y sale corriendo por la casa hacia la puerta del frente. ¡Cerrada! La derriba, pero ha perdido segundos muy valiosos.

Vientos huracanados

Cuando Emil y el bebé salen a la calle, se encuentran en medio de una fuerte ráfaga de la tormenta de fuego y el viento caliente los levanta de la calle y los lleva, silbándoles al oído. Emil tiene los pelos de punta y sus piernas intentan en vano correr en el aire.

Cuando caen, no puede creer que ni él ni el bebé hayan salido lastimados. La tormenta los ha llevado cuesta abajo hasta el río, ¡como a unos mil pies de la puerta de entrada de aquella última casa!

¡Salten!

A través del humo ven a muchos de los vecinos parados a la orilla, a punto de arrojarse al agua, y a algunas personas que ya están adentro, cubiertas hasta el mentón. El río es un espejo negro que refleja ondas al rojo vivo y el aire abrasador llega a quemar los pulmones de todos y les hace arder los ojos.

En el viento ardiente, de golpe la ropa de Emil comienza a arder aun cuando el fuego todavía no lo ha alcanzado. Entonces agarra al niño y salta al agua. De repente, la madre del bebé aparece junto a ellos, y Emil se siente feliz de poder devolverle a su pequeño sano y salvo.

Testigos desde el agua

Todos observan horrorizados como las llamas se disparan hacia el cielo. El incendio es una catarata de llamas rugientes y furiosas que se apoderan del paisaje. En ambas orillas del río, los almiares estallan en llamas como antorchas empapadas en combustible. Las ondas del río llegan a alcanzar el tamaño de las olas del mar embravecidas por el viento.

En la ribera, el fuego se devora las paredes de las casas de huéspedes, creando una especie de filigrana que se parece a un encaje rojo. La gente observa desde el río como detrás de las paredes consumidas por el fuego van apareciendo los muebles de las habitaciones, que van tomando un color negro sepulcral para luego explotar en llamas rojas. Los edificios que arden son luego arrancados y devorados.

Todos los que están en el río oyen los espantosos gritos de la "pobre gente muriendo en el pueblo que no hizo caso a la advertencia". Algunos no creyeron que un incendio forestal pudiera volverse tan poderoso y capaz de destruir con tanta rapidez.

En Sandstone, la mayoría de los que corrieron hacia el río sobreviven. Algunos pocos mueren, sumergiéndose lentamente bajo el agua, vencidos por el humo, las olas y el terror.

Sin el bosque

Cuando el combustible se termina, el fuego se extingue. En donde antes había bosques y pueblos en millas a la redonda, solo quedan restos carbonizados y cenizas grises. En muchos lugares, el fuego ha quemado incluso hasta el subsuelo.

Cuando Peter y Gus salen del bosque caminando con dificultad de regreso a Mission Creek, quedan horrorizados. De todas las casas, solo una ha quedado en pie.

Los equipos de rescate se acercan a ellos y les explican que ha habido un terrible incendio que destruyó Hinckley y varios pueblos, y que se ha llevado la vida de cientos de personas. Los jóvenes se tranquilizan al enterarse que sus familias aún siguen con vida y que sobrevivieron

Los equipos de rescate levantan "tiendas de ayuda humanitaria" para atender las numerosas necesidades. En este "pueblo" de lona, los sobrevivientes del terrible horror encontraron alimento, agua, suministros médicos y compañía reconfortante.

tendidos en el medio de un sembradío de papas. Pero no todos fueron tan afortunados. En algunos pueblos, fallecieron familias que habían hecho exactamente lo mismo.

Vegetal, animal y mineral

Cuando los animales y las plantas perecen, pasan a formar parte de la materia orgánica denominada "capa de fermentación" que se forma en el suelo del bosque. Las mismas lluvias que nutren a los seres vivos actúan para desintegrar, o descomponer, *a los muertos. El mismo sol que los ayudó a crecer los va cociendo y los vuelve quebradizos. El mismo aire que les dio vida va disgregando sus partes. Cuando la temperatura del fuego es lo suficientemente elevada, esta rica tierra se consume hasta dejar sólo los restos minerales subyacentes. En las tormentas de fuego, hasta eso se quema. Si la tierra es arcillosa, quedará cocida con una textura similar a la porcelana y si es arenosa, se derretirá hasta formar vidrio.*

Donde una vez estuvo la bulliciosa Estación de Hinckley, ahora hay rieles de metal retorcidos y derretidos, los tirantes de madera fueron reducidos a cenizas grasosas y lo único que queda de los árboles son sus bases.

En Hinckley

En Hinckley, 300 personas trepan con gran dificultad al tren que le juega una carrera al fuego. Cuando se incendian los vagones, todos se arrojan al lago Skunk para buscar refugio en las 18 pulgadas de aguas pantanosas. La tormenta de fuego arde con furia durante tres cuartos de hora. Todos se salvan, pero todos sufren las lesiones provocadas por la gran cantidad de carbón encendido y de cenizas que caen sobre ellos.

El semi directo N.° 4 transportó a 300 refugiados hasta el lago Skunk, en lo profundo del bosque.

En seis horas, un área de 400 millas cuadradas ha quedado completamente devastada, consumida hasta la tierra, y se estima que unas 600 personas han fallecido en el terrible mar de fuego. El gran incendio de 1894 se ha llevado consigo a hombres, mujeres, niños y animales. En la

La región quemada del lago Skunk después del incendio

Amigo del peligro

El semi directo N.° 4, que transportó a los refugiados hasta el lago Skunk, fue conducido por James Root, quien se inició en el sistema ferroviario a los 14 años. Durante la Guerra Civil, condujo el tren para el General Sherman en la decisiva Marcha a Atlanta. Fue Jim, también, el encargado de trasladar la primera carga de soldados de la Unión liberados de la Prisión de Andersonville.

James Root

Antiguo esclavo ayuda a salvar a cientos de personas

Se cree que John Wesley Blair, el maletero del semi directo N.° 4, nació siendo esclavo en Arkansas y fue liberado a los 12 años gracias a la Proclamación de Emancipación del presidente Abraham Lincoln.

Él demostró una virtud extraordinaria al arriesgar su propia vida por sus 300 pasajeros, la mayoría de origen caucásico, o blancos.

John Wesley Blair

bomba de agua de Sandstone, un equipo de rescate halla muerto al fiel operador en su puesto.

No es una tarea sencilla penetrar la tierra cocida de Hinckley para cavar las tumbas de las víctimas.

CAPÍTULO TRES

El incendio de Matheson en Ontario, Canadá

Tormenta de fuego en Canadá

A sólo 22 años del incendio de Hinckley en Minnesota, la zona del norte de Ontario, Canadá, alrededor del poblado de Matheson, también recibe la visita del extraño fenómeno de la tormenta de fuego.

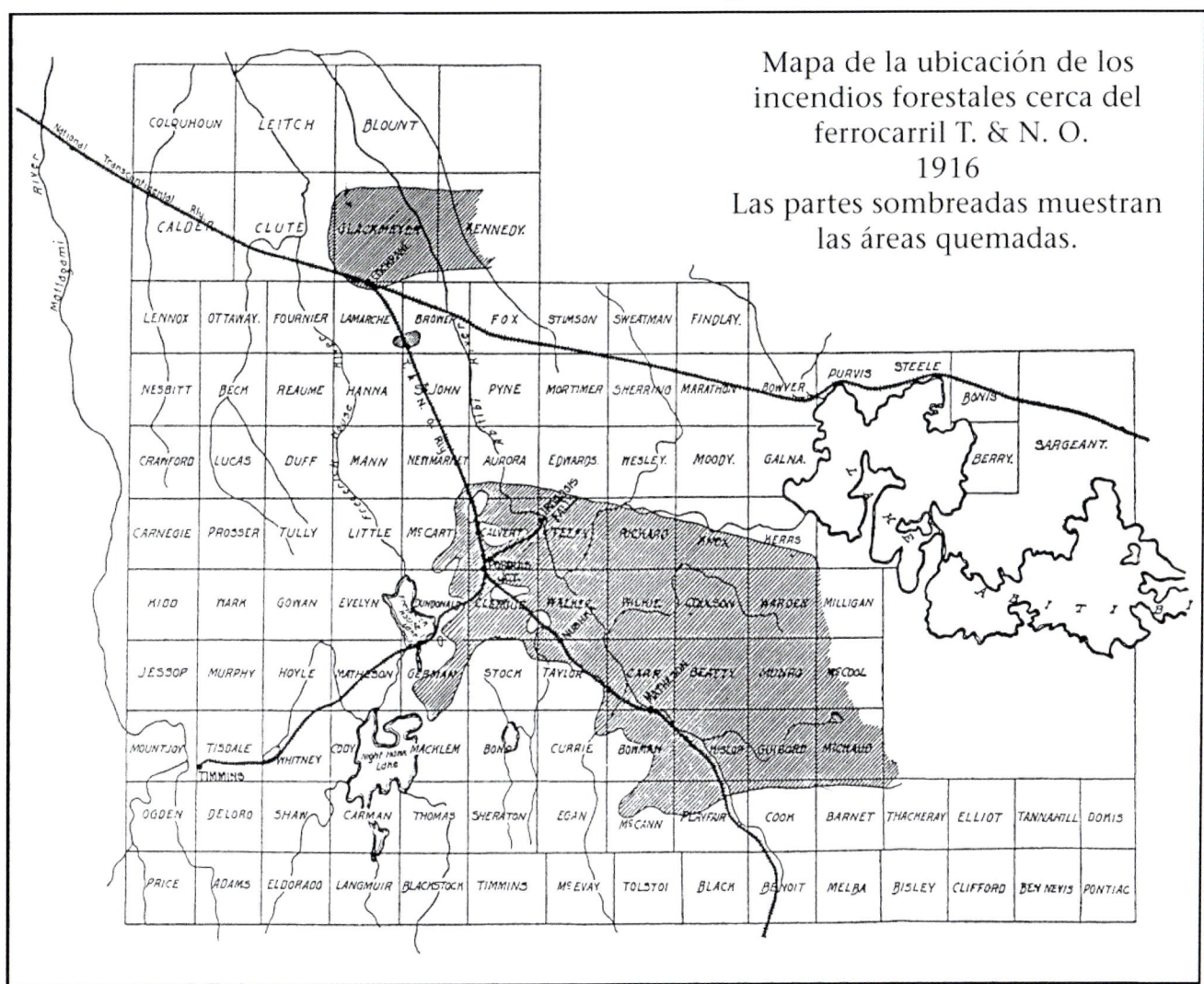

Las zonas sombreadas de este mapa indican las áreas quemadas en los incendios de 1916 en Matheson.

El incendio de Matheson sigue siendo el peor incendio de la historia que ha sufrido Canadá, en el que se quemaron 24 municipios, 20 de ellos por completo. Cobró al menos unas 243 vidas, aunque la cifra extraoficial es mucho mayor debido a que muchos de pobladores vivían aislados y nadie los conocía. Diez años antes, sólo los indígenas norteamericanos

Después de sus casas, los pobladores construyeron iglesias y escuelas.

Los primeros alumnos y la primera maestra de la primera escuela Wah-tay-beaq, destruida en el incendio de 1916

y los cazadores de pieles habitaban en esta zona. Debido a las riquezas descubiertas en las minas minerales de Ontario, a los extensos bosques y a la buena tierra, la zona se convirtió en el "boom" de 1916 y se llenó de buscadores de fortunas y de colonizadores.

¿Por qué esperaron tanto?

Cuando este incendio de Ontario acabó, el Ministro de Tierras y Bosques, entre otros, no podía comprender por qué se habían perdido

Aunque las tierras del norte de Ontario cuentan con numerosos lagos y ríos, el incendio de Matheson, en 1916, arrasó tan rápidamente que fueron muy pocas las personas que alcanzaron a refugiarse en ellos.

tantas vidas. Después de todo, había ocurrido en una zona en la que las personas se podrían haber refugiado en los numerosos lagos y ríos.

Aquellos que no habían vivido en carne propia la tormenta de fuego no tenían ni la menor idea de que ese no había sido un incendio forestal habitual y, sin dudas, no podían entender por qué los pobladores habían esperado tanto tiempo para huir del lugar. Esto es lo que pasó.

¡El mundo arde en llamas!

La fecha es el 29 de julio de 1916. La mayoría de los hombres sanos se encuentran al otro lado del océano, luchando en la Primera Guerra Mundial. Una densa nube de humo ha estado rondando la zona durante semanas, y el día anterior, la temperatura alcanzó los 100 °F (38 °C).

A media tarde, en el pleno ajetreo y bullicio comercial habituales de Cochrane, una carreta carbonizada, todavía humeando, irrumpe en la calle principal a gran velocidad. Sus caballos suspiran agotados. El granjero aparece con la ropa cubierta de hollín gritando, "*Le monde s'enflamme!*" ("¡El mundo arde en llamas!"). Su esposa y sus tres hijos con la mitad de las ropas quemadas se sientan aturdidos, con los ojos grandes de miedo en sus pequeños rostros ennegrecidos por el hollín.

Cómo hervir una rana

Si una rana brinca al agua hirviendo, saldrá de allí de inmediato, pero si se posa en aguas cuya temperatura va subiendo lentamente, se quedará en ellas hasta morir hervida.

Antes del incendio de Matheson, el calor en la región de Ontario se había ido incrementando tan gradualmente que cuando los mineros descendieron bajo tierra se sorprendieron al notar la fresca temperatura constante de 70 °F (21 °C) que había allí. Al salir a la superficie, se desplomaban en las entradas de los pozos agobiados por el sorprendente calor.

Llamado a la acción

Las personas del pueblo corren hacia la estación de trenes con esperanzas de recibir noticias. Su vista de las vías habitualmente despejada se encuentra oscurecida por un denso humo, pero nadie ve el fuego. Temprano esa mañana, a las 7:10, los jefes de las estaciones de Cochrane y Matheson, a 45 millas de distancia, intercambiaron telegramas. Si bien ambos habían notado que el humo empeoraba, ninguno veía llamas. Ninguno pensó que en poco más de ocho horas, el mundo que conocían a 100 millas a la redonda sería arrasado por completo.

Explosiones sin incendios

Comienzan a explotar los barriles de combustible y queroseno en los depósitos de las ferreterías y sus ondas expansivas sacuden al pueblo. La gente corre a toda prisa hacia la escuela y el hospital de ladrillos mientras el fuego avanza rugiendo, llevándose todo lo que encuentra a su paso.

El aire abrasador toma velocidad llevando el fuego hacia el sur, a través del bosque de verano. En algunas comunidades, hace repicar las campanas de las iglesias en forma repentina, como si se tratase de fantasmas haciéndolas sonar.

Un sistema climático propio

Cuando el fuego comienza a arder en Iroquois Falls, la gente huye hacia la papelera de ladrillos en Abitibi. Una pared de llamas, de varias millas de ancho y alta hasta el cielo, se aproxima con un rugido

Fotografía tomada durante el incendio de Matheson

ensordecedor. Afuera de la fábrica, se devora 40,000 medidas de madera como si fueran heno. Luego forma un ciclón alrededor del edificio, antes de que sus vientos cambien de dirección, y se produce nuevamente el fenómeno de la tormenta de fuego. El fuego crea su propio sistema climático y arranca una tremenda tormenta eléctrica del cielo. Los truenos retumban y los relámpagos son enceguecedores. Mientras el fuego avanza, comienza a caer la abundante lluvia tan necesitada.

Tres pitidos cortos

Más al sur, en Kelso, el Dr. Reid deja a su hija de 12 años, Iris, a cargo de sus hermanos y hermanas menores mientras él corre a ayudar a salvar su escuela.

De pronto, un tren de carga irrumpe en el pueblo a toda máquina, repitiendo los tres pitidos cortos: la tan temida alarma de incendios. El tren pasa a toda prisa liberando el vapor contenido en forma de silbidos y tratando de escapar del peligro. Los que ya venían a bordo desde otros pueblos les ruegan a los habitantes de Kelso que salten y suban. Iris debe tomar sola una decisión de vida o muerte. En medio de la confusión, de los gritos de la gente y del humo enceguecedor, entrega a sus hermanos en las manos serviciales de otros *refugiados* que venían

¿Las escuelas son inmunes al fuego?

En muchos de los pueblos arrasados por el fuego tanto en Minnesota como en Ontario, el único edificio que permaneció en pie fue la escuela. Los habitantes construían las escuelas de ladrillo, brindándoles a los niños no sólo educación sino, además, los edificios más duraderos.

escapando. Luego, con el corazón latiéndole muy fuerte, Iris trepa a bordo también. Para cuando la tormenta de fuego llega a Kelso, los niños Reid ya se encuentran lejos de allí. Sin embargo, nunca más vuelven a ver a su padre.

En Matheson

A las 3:30 de la tarde, el fuego, como una extraña pared de llamas eléctricas, llega para arrasar con Matheson. Aquellos que no alcanzan a llegar hasta la estación de trenes se arrojan al río Black, cubriéndose con prendas de vestir, sacos de papas y mantas mojadas. Las llamas avanzan como un enorme ser viviente y la gente nota que el río no las detendrá. Comienzan a gritar y a zambullirse en el agua mientras que una sábana de fuego ruge justo encima de ellos y parece estar utilizando el mismo aire como combustible. Salta los 300 pies que ocupa el río y se dispara hacia la otra orilla.

El número de víctimas fatales es mayor en lugares donde la gente no tiene acceso al ferrocarril o a una fuente importante de agua. Durante semanas después del incendio, los equipos de rescate sepultan a indígenas norteamericanos, leñadores, exploradores y cazadores de pieles que habían perecido en lo profundo del bosque.

Equipados con botas de goma, los miembros del equipo de cavadores de tumbas hacen una pausa en su triste trabajo.

Una pintura de la época muestra cómo los animales salvajes, presa y depredador juntos, huyen a refugiarse en el agua.

Extraños amigos en el lecho del río

Los animales del bosque también corren por sus vidas. En Ontario, un explorador se tropieza con un arroyo y a los tumbos se arroja justo cuando el fuego lo va a alcanzar. Escucha que alguien viene chocando con los árboles y brinca al agua. Buscando a tientas a su vecino, grita, "¡Ayúdeme! ¡No puedo ver!". Sus manos agarran algo "muy grande y peludo". Ambos, él y aquel alce, sobreviven.

Ayuda humanitaria

En cada pueblo, los sobrevivientes comienzan a ayudarse unos a otros; comparten los alimentos que les quedan e intentan aliviarse las quemaduras con grasa de los ejes de los trenes y calmar el ardor de los ojos con el agua del río.

Los equipos de ayuda humanitaria llegan con tiendas de campaña, alimentos, ropa y suministros médicos. Los pobladores agradecen muy especialmente los cientos de pares de botas de goma, ya que de aquel

Una familia devastada por el fuego

Con todos los edificios reducidos a cenizas, los sobrevivientes se reúnen en un pueblo de tiendas en el que sólo quedan los esqueletos de lo que una vez fueron árboles imponentes.

Los equipos de ayuda humanitaria también trajeron ataúdes de pino, para que aquellos que perecieron en el incendio puedan tener un entierro decente.

Salvo por la estufa de hierro fundido sobre la que su nieta Flossie está parada, nada ha quedado de la casa de Jerry Duggan. Todas las pertenencias de madera, tela y papel han desaparecido. Los objetos de metal, vidrio y porcelana se derritieron y perdieron su forma.

bosque majestuoso ahora sólo quedaba una llanura carbonizada. Las 6 a 12 pulgadas de *humus*, la rica capa superior del suelo, se ha quemado por completo hasta el subsuelo de arcilla, y en algunos lugares se ha formado una capa similar al vidrio.

Los animales de la granja acompañan a una pareja de refugiados que abandona a pie la zona afectada.

Reconstrucción

Poco después, la gente de casi todas las comunidades regresa para iniciar la reconstrucción. Nunca más se produjo un incendio forestal de semejante magnitud en este lugar.

¿Qué comen los sobrevivientes?

Mientras aguardan la llegada de los equipos de ayuda humanitaria de los pueblos y las ciudades vecinas, los sobrevivientes de los incendios desentierran las papas perfectamente cocidas en la tierra. Las vacas, en busca de compañía humana, trotan hacia ellos para ser ordeñadas.

Una familia sólo encuentra en pie la estufa. La madre abre la puerta y ve que el pan que había puesto adentro está cocido por el fuego. Luego parten este pan y lo comparten con los agradecidos vecinos.

CAPÍTULO CUATRO
La naturaleza tiene la útima palabra

Los servicios forestales

En gran parte debido a estos dos desastres en Norteamérica, los servicios forestales tanto de los Estados Unidos como de Canadá organizaron formas para prevenir que los incendios comiencen y, una vez iniciados, para evitar que se extiendan. Así controlaron los incendios por muchos años.

Una línea de bomberos canadienses de las regiones boscosas crea un contrafuego con una herramienta de mano denominada azahacha (una combinación de hacha y azada).

En la década de 1940, uno de los miembros de este equipo sigue de cerca el curso del humo, preparado con el hacha en mano.

Sin embargo, este viejo principio se ha modificado en los últimos años. Los científicos saben que los incendios en cierta medida son buenos para el bosque. Es la manera que tiene la naturaleza de eliminar sus propios desechos y de prevenir las tormentas de fuego.

Después de casi 100 años controlando los incendios, el Servicio Forestal de los Estados Unidos descubrió en el Parque Nacional Yellowstone que los grandes incendios se inician y se tornan incontrolables justamente por *extinguir*, o apagar, los más pequeños demasiado pronto. Si hubieran dejado que esos incendios más pequeños siguieran su curso, probablemente éstos habrían eliminado todos los desechos naturales que pueden provocar las incontrolables tormentas de fuego.

En la década de 1950, una madre y sus hijos observan como se extingue un incendio forestal.

La naturaleza tiene la última palabra

En Yellowstone, en 1988, no fueron sólo los meses de gran esfuerzo de los miles de bomberos los que lograron detener los incendios. Fue la lluvia y la nieve que la naturaleza trajo una vez que el otoño regresó al parque.

El sol se pone en un paisaje marcado por el fuego, refrescado por la nieve y preparado para autorreconstruirse en primavera.

Sólo cicatrices

Las víctimas del incendio reconstruyeron sus hogares y sus vidas. La naturaleza se reconstruye sola. En Yellowstone, nuevos bosques de pinos contorta se están formando. Los animales pequeños están construyendo sus nidos en la vegetación baja. Los halcones están engordando. Un día, a excepción de las cicatrices, prácticamente no

Sobre una base de tierra negra cubierta de hollín y enriquecida en minerales por el fuego, nuevos retoños verdes van apareciendo.

quedará ninguna señal de lo que aquel incendio ha sido para Yellowstone. Las personas que vienen de día de campo, al ver las rocas partidas, tal vez se pregunten qué pudo haber pasado para hacer que las piedras se abrieran de esa manera.

Predecir el futuro

¿Cuándo y dónde se producirá un incendio forestal la próxima vez? Nadie lo sabe a ciencia cierta. Pero los científicos y los miembros de los programas de manejo de incendios en los Estados Unidos y Canadá actualmente hacen lo mejor para decidir cuándo intervenir y cuando dejar que un incendio siga su curso. Quieren dejar que la naturaleza se lleve lo que necesita, pero lucharán para defender las vidas humanas y las propiedades siempre que éstas se vean amenazadas.

¡Es un día de "suerte" cuando los bomberos pueden llegar con sus camiones bien equipados directamente hasta el lugar del incendio!

Ellos están ahí, observando atentamente cada pequeña llama. Ante el primer signo de peligro, salen rápidamente a advertir a las personas. Emplean todos sus conocimientos y las herramientas disponibles para proteger a personas, animales y pueblos. Ayudan a todos a vivir seguros y tranquilos, con tiempo de sobra. Resuelven que nunca más nadie tendrá que volver a escuchar un espantoso grito como, "¡Incendio forestal! ¡Sálvese quien pueda!".

Índice

A

Abitibi: 28
Anderson, Emil: 17–20
animales (los): 4, 5, 14, 17, 21, 24, 31, 33, 36
Arkansas: 23
ayuda humanitaria (la): 24, 31–33

B

Blair, John Wesley: 23
bolas de fuego (las): 18
bomberos paracaidistas (los): 11
brigadas de selección (las): 7, 9

C

Canadá: 5, 15, 25–33, 34, 37
capa de fermentación (la): 21
Cochrane: 27–28
contrafuego (el): 8–9

D

diversidad (la): 4, 14
Dr. Reid (el): 29

E

equipos de rescate (los): 21–24, 30
escuelas (las): 26, 29

F

ferrocarril (el): 16, 18, 21, 22, 23, 29, 30
floema (el): 8

G

general Sherman (el): 23
gran incendio de 1894 (el): 16–24
guardabosques (los): 2–7, 37–38
Guerra Civil (la): 23

H

Hinckley: 5, 15–24
humus (el): 33

I

incendio controlado (el): 8
incendio en forma de corona (el): 2, 6
incendios de subsuelo (los): 2
incendios superficiales (los): 2
indígenas norteamericanos (los): 25, 30
Iroquois Falls: 28

J

Johnson, Gus: 17, 21

K

Kelso: 29, 30

L

lago Skunk (el): 22, 23
Lincoln, Abraham: 23
líneas de fuego (las): 7, 8, 9
locomotoras (las): 16

M

mapas (los): 18, 25
Marcha a Atlanta (la): 23
Matheson: 5, 15, 25–33
mezcla retardante (la): 10, 11, 12
Minnesota: 5, 15, 16–24
Mission Creek: 17, 21

N

Nyberg, Peter: 17, 21

Continúa de la página anterior

O

Ontario: 5, 25–33

P

pino contorta (el): 3, 36
Primera Guerra Mundial (la): 15, 27
Prisión de Andersonville: 23
Proclamación de Emancipación (la): 23

R

Reid, Iris: 29, 30
resina (la): 3
Revolución Industrial (la): 16
río Black (el): 30
Root, James: 23

S

Sandstone: 17–21, 24, 29
satélites (los): 15

semi directo N.° 4 (el): 22, 23
sequía (la): 6, 16
Servicio Forestal de Canadá (el): 5
Servicio Forestal de los Estados Unidos (el): 5, 34
sobrevivientes (los): 13, 20, 21, 22, 31, 32, 33, 36
subsuelo (el): 21

T

teas de fuego (las): 6
tecnología (la): 10–13, 15
tormenta de fuego (la): 10, 22, 25, 35

V

vientos de fuego (los): 6, 9

Y

Yellowstone: 1-14, 34-37

Agradecimientos

La autora agradece infinitamente a Brian J. Stocks, Investigador Científico Sénior de Incendios Forestales, por su generoso aporte de materiales fundamentales para el texto. También desea agradecer a Jeanne Coffey, conservadora del Museo del Incendio de Hinckley, por responder a su llamado de ayuda, y a Laura Rust, investigadora extraordinaria de Minnesota.

En cuanto a la investigación para la recopilación de imágenes, fueron muchas las personas de diferentes organizaciones quienes hicieron de éste su propio proyecto, y, a continuación, las menciono con profunda gratitud:

    Theresa Brownwright, Canadian Bushplane Heritage Centre

    Janelle Smith, Departamento del Interior de los Estados Unidos, La Oficina de Administración de Tierras, Oficina de Incendios y Aviación

    Dianne J. Bush, Museo Thelma Miles

    Christine Bourolias, Archives of Ontario

    Steve Nielsen, Minnesota Historical Society

    Wendy Glassmire, National Geographic Society

    Y a las siguientes, por sus útiles orientaciones:

        Doug Woods, Ontario Department of Lands and Forests;

        Bob Thomas, Jefe de Información sobre Incendios; miembro de los National Archives of Canada y the United States National Park Service

Fotografías

National Interagency Fire Center
Página de contenido, p. 1 arriba, abajo, p. 2 arriba, p. 3 abajo,
p. 4 arriba, abajo, p. 5 arriba, abajo, p. 6 abajo, p. 7 arriba, abajo,
p. 8 arriba, abajo, p. 9 arriba, abajo, p. 10 arriba, abajo, p. 12,
p. 13, p. 14, p. 15, p. 36 abajo, p. 37

Michael Quinton / Banco de imágenes de National Geographic Society: p. 3 arriba
Raymond Gehman / Banco de imágenes de National Geographic Society: p. 6 arriba
Richard Olsenius / Banco de imágenes de National Geographic Society: p. 36 arriba

---

Canadian Bushplane Heritage Centre
Portada, página de título, p. 2 abajo, p. 11, p. 19, p. 20 p. 27,
p. 34 izquierda, derecha; p. 35

Minnesota Historical Society
p. 16, p. 17 arriba, p. 21 arriba, p. 22 arriba, p. 29, p. 31 arriba

---

Museo del Incendio de Hinckley
p. 17 abajo, p. 18, p. 21 abajo, p. 22 abajo,
p. 23 arriba, abajo, p. 24

National Archives of Canada / C46727: p. 30
National Archives of Canada: p. 31 bottom
National Archives of Canada / C46725: p. 32 middle
National Archives of Canada / C46726: p. 32 bottom

Museo Thelma Miles, Matheson, Ontario
p. 25, p. 26 arriba, abajo, p. 28, p. 32 arriba, p. 33